AF253729

(Conserver la couverture.)

DÉPÔT LÉGAL
MEUSE
N° 87
18 84

LE

LIEUTENANT-COLONEL TAILLANT

DÉFENSEUR DE PHALSBOURG

(1816-1883)

Par le Général AMBERT

PARIS

LIBRAIRIE BLOUD ET BARRAL

4, RUE DE MADAME, ET RUE DE RENNES, 59

Im 27
35028

L 27 n
35028

LE

LIEUTENANT-COLONEL TAILLANT

DÉFENSEUR DE PHALSBOURG

(1816-1883)

Par le Général AMBERT

I

Pierre Taillant était chef de bataillon au 53ᵉ de ligne, lorsqu'il entra dans l'état-major des places. Au mois de novembre 1868, il quitta Montdauphin pour prendre le commandement de la place de Phalsbourg.

Le gouvernement était bien inspiré le jour où il confiait le salut de la vaillante ville au vaillant commandant.

C'est une race guerrière que celle des Phalsbourgeois. Sur la place principale se dresse la statue d'un enfant de la ville parti simple soldat et revenu maréchal de France. La première admiration de l'enfant du pays est pour cette image qui semble personnifier Phalsbourg. Lorsque leurs bras peuvent soutenir le poids d'un fusil, ces enfants se font soldats. Parmi eux, trente-deux sont devenus généraux, et cinquante-sept colonels ou officiers supérieurs. Chaque maison de Phalsbourg a donné à la France douze officiers pour son armée. Le voyageur qui traversait Phalsbourg avant son annexion à l'Allemagne n'était pas ébloui par les miracles de l'industrie, il n'était pas témoin des efforts de l'homme pour conquérir la richesse; il oubliait volontiers les luttes fiévreuses de Mulhouse, pour contempler la paisible existence de la forteresse. Aux carrefours de la petite ville, des capitaines en retraite se racontent leurs campagnes; au seuil des portes les enfants jouent au soldat: tout est militaire à Phalsbourg. Les femmes sont filles de soldats, et leurs enfants seront soldats. Il n'est pas, dans toute la France, une cité plus militaire, c'est-à-dire plus patriote.

« Oh ! Français nos frères, nés loin des frontières, vous n'êtes pas liés, comme nous autres, par toutes les fibres de votre corps, par toutes les cordes de votre âme, à la vie même de la patrie; et vous ne pouvez comprendre la violence de nos passions patriotiques. »

Tel était le langage des Phalsbourgeois lorsque le bruit de la guerre avertit soudain que l'heure des doux loisirs et des glorieux souvenirs était passée.

Mais ces paroles ne pouvaient s'adresser au commandant Taillant. Il était né loin des frontières, et cependant son cœur battait aussi fort que le cœur d'un alsacien.

Au moment du siège de Phalsbourg, le commandant Taillant était âgé de cinquante-quatre ans. D'une taille moyenne, la tête haute, le front entièrement chauve, la lèvre supérieure ombragée de courtes moustaches, le visage plein, les yeux un peu couverts par les paupières, mais vifs, le commandant avait une physionomie qui exprimait en même temps l'extrême bonté et la ferme volonté.

Nous avions connu Taillant lorsqu'il était capitaine au 13e de ligne pendant les émeutes de Lyon en 1851. Souvent nous avions passé des nuits au bivouac l'un près de l'autre, lorsque son beau et solide régiment fraternisait avec nos dragons. En voyant ce brave capitaine entouré de ses soldats dévoués, en l'écoutant gémir sur les douleurs de la guerre civile, en le suivant des yeux lorsqu'il marchait froidement et bravement contre l'insurrection, ces paroles d'Alfred de Vigny se réveillaient dans nos souvenirs : « Il faut bien que le sacrifice soit la plus belle chose de la terre, puisqu'il a tant de beauté dans des hommes simples qui, souvent, n'ont pas la pensée de leur mérite et le secret de leur vie. »

Pierre-André Taillant était né le 17 août 1816 au Pont-Saint-Esprit (Gard). Son père exerçait la profession de taillandier, d'où lui venait son nom. Pierre Taillant étudia dans une petite école, et si son instruction ne fut pas supérieure, son éducation ne laissa rien à désirer. Tous les nobles sentiments furent développés en lui. Le 31 août 1834, Taillant âgé de dix-huit ans entra au service en qualité d'engagé volontaire au 13e de ligne. Il devint promptement sous-officier et fit partie de cet admirable corps de sergents et de sergents-majors qui étaient l'orgueil de notre vieille armée. Ils conservaient le feu sacré que nous nommions l'esprit militaire.

Le 28 mars 1841 Taillant fut nommé sous-lieutenant au 13e, puis lieutenant en 1847, enfin capitaine en 1852. Il fit en Afrique les campagnes de 1834, 1835, 1836 comme sous-officier, celles d'Italie de 1849 et de 1850, le siège de Sébastopol en 1855.

Ses grades dans la Légion d'honneur offrent une particularité remarquable : chevalier le 12 juillet 1849 (étant lieutenant); officier de la Légion d'honneur le 8 octobre 1857 (étant capitaine), commandeur le 5 mai 1872 (étant lieutenant-colonel). Taillant était en outre décoré des médailles de Crimée et d'Italie, du siège de Rome où il fut mis à l'ordre de l'armée, et de la croix militaire de Sardaigne. Taillant avait de magnifiques états de services, lorsqu'il obtint le commandement de la place de Phalsbourg.

En 1854, il était passé en qualité de capitaine au 1er régiment de grenadiers de la garde. Il servit dans ce corps jusqu'à sa promotion au grade de chef de bataillon en 1861.

II

Sans le siège de Phalsbourg le nom du lieutenant-colonel Taillant fût demeuré dans l'obscurité, car sa carrière semblait terminée. Parmi ses compagnons d'armes il en est, sans doute, qui avaient son courage et son patriotisme et dont on ne parlera jamais, parce que les occasions leur ont manqué. Nous avons pour les deshérités, ces oubliés, de singulières tendresses. Ils nous rappellent ces braves officiers, capitaines et lieutenants du premier Empire, dont le général Foy dessinait ainsi le portrait : « Nos officiers des régiments resplendissaient de pureté et de gloire. Vaillants comme Dunois et Lahire, sobres et durs à la fatigue parce qu'ils étaient fils du laboureur et de l'artisan, ils marchaient à pied à la tête des compagnies, et couraient les premiers au combat et sur la brèche. Leur existence était tissue de privations, car l'administration ne pouvait pas toujours fournir à leurs besoins, et ils eussent cru s'avilir en prenant part au pillage, tant ils avaient le cœur haut placé. Etrangers aux jouissances d'amour-propre de l'officier général, exempts de l'ivresse du soldat, ces martyrs du patriotisme vivaient de cette vie morale qui se consume dans la résignation du devoir... »

Nous avons revu ces hommes dans la dernière guerre. Modestes, silencieux, sans folles ambitions, ils quittèrent leurs femmes et leurs enfants et s'éloignèrent de la garnison. Aux premiers combats, ils tombèrent par vingtaines à la tête des compagnies, donnant au soldat l'exemple du devoir. Ils n'eurent pas sur les lèvres les éclatantes paroles des gentilshommes de Fontenoy, car ils ne connaissaient pas les prouesses et ne savaient que le devoir. Un jeune officier, sorti la veille de l'école, plein d'enthousiasme, tout feu, tout flammes, se révoltait de la froideur des vieux capitaines du bataillon qui ne bondissaient pas, comme lui, d'une joie folle en marchant sur Wissembourg. Le lendemain ce jeune sous-lieutenant assistait aux funérailles de six des capitaines sur huit. Il les avait vus entraîner leurs compagnies en retrouvant à l'heure suprême tous les élans de la jeunesse; et lorsque lui, enfant, un peu ébloui par le feu, aveuglé par la fumée, enivré par le parfum de la poudre, se lançait en avant, au hasard, et courait vers la mort, une main puissante l'avait rejeté de côté et un homme s'était dressé entre lui et vingt fusils prêts à tirer. Le nuage de poudre se dissipa et le jeune officier vit, étendu sur le dos, son vieux capitaine mort en lui sauvant la vie.

Les romans et les théâtres ont créé un type mensonger de la valeur militaire. Le brave qu'ils admirent descend en droite ligne des héros d'Homère; il manie tour à tour et souvent à la fois le fer et la parole, le sang d'Hercule coule dans ses veines, et son glaive ressemble à la faux du moissonneur. S'il est homme de mer, les mots « babord » et « tribord » lui sont familiers. Ces types n'existent que dans l'imagination, qui met en oubli les modernes vertus enfantées par la discipline : l'abnégation et le sentiment du devoir.

Si Taillant connaissait Homère, il le connaissait peu et son courage modeste prenait sa source dans le devoir, dont il avait fait une religion. Jamais aux cruelles épreuves de la guerre il ne se laissa détourner de la ligne droite, pour jeter des regards autour de lui, vers la politique, l'intérêt personnel ou la réputation; il faut admirer dans ce simple officier, obscur jusque-là, le courage, la fermeté de caractère, le savoir militaire, l'autorité iné-branlable et douce; mais, par-dessus tout cela, il faut louer Taillant d'avoir compris la grandeur, la beauté du devoir et du sacrifice.

Au-dessous de son image, on peut graver ces mots si simples : Il a fait son devoir.

Combien, depuis les plus grands jusqu'aux plus humbles, ont pu dire après la guerre : J'ai fait mon devoir ?

Au milieu de ces hommes d'Etat, de ces diplomates, de ces orateurs, de ces capitaines illustres et même de ces souverains, gaulois et germains, on est attiré vers cette figure de soldat, simple jusqu'à la naïveté et pure jusqu'à l'héroïsme.

III

Nous avons sous les yeux le rapport officiel adressé par le commandant Taillant au ministre de la guerre, après le siège de Phalsbourg, au moment où le défenseur de la place se rendait en captivité. Nous avons aussi le journal du siège, confié par le commandant Taillant à son vieil ami du 13e de ligne, le capitaine Hudiart, un autre lui-même; enfin nous sommes assez heureux pour posséder le rapport (allemand) sur l'investissement de Phalsbourg, du 15 août au 12 décembre 1870.

Le rapport écrit par le commandant Taillant est d'une grande modestie; à peine le chef de la défense parle-t-il de lui. Le journal du siège mentionne les événements avec simplicité. Quant au rapport de l'ennemi, à part quelques erreurs sans importance, il est loyal et rend une éclatante justice aux défenseurs de la place et à leur commandant. A ces documents officiels sont venues se joindre un grand nombre de pièces pleines d'intérêt qui nous permettraient d'écrire un volume sur le commandant Taillant. Mais nous ne voulons retenir de lui que le siège de Phalsbourg. Quatre mois employés de la sorte suffisent à la vie d'un homme.

Lorsque le lieutenant-colonel Taillant mourut au printemps de l'année 1883, tous les organes de la publicité, interprètes du sentiment des masses, exprimèrent à l'envi l'admiration de Paris et des provinces pour le défenseur de Phalsbourg. On ne voulait pas savoir autre chose. Taillant avait sauvé l'honneur de la France, nous étions fiers de lui, comme nos pères avaient été fiers de Masséna après le siège de Gênes.

Nous ne présenterons donc la figure du commandant Taillant que dans ce beau cadre de bastions écroulés, de remparts déchirés, et de maisons en ruine. Au milieu de documents précieux nous remarquons les *feuillets d'un journal de siège*. Le titre est d'une modestie qui s'allie à merveille au courage de l'auteur M. Bœltz. Nous disons au courage parce que nous sommes sur le terrain de la guerre ; mais on ne saurait tourner les *feuillets* tracés par M. Bœltz sous le feu de l'ennemi sans être charmé de cet esprit de bon aloi, de ce style élégant et de ces descriptions dignes des maîtres les plus admirés.

L'auteur des *feuillets* n'est-il pas ce vaillant sergent-major du 96ᵉ de ligne, qui eut le commandement du fort la *Petite-Pierre*, et qui ne voulut ni se rendre ni capituler ? Après avoir sauvé sa garnison par une sortie audacieuse, cet intrépide sous-officier parvint à entrer dans Phalsbourg avec sa troupe, et devint l'un des bons soldats de Taillant.

Laissons-nous guider par les *feuillets*, tracés d'une main ferme.

Malgré son importance, la place de Phalsbourg, si utile à la défense des Vosges, n'avait pas attiré l'attention du ministère de la guerre. Les remparts étaient armés de 30 pièces de canon, sans projectiles en nombre suffisant, sans artilleurs au début, et pour toute garnison quatre cent cinquante hommes du 63°. C'est en vain que le commandant Taillant réclame des soldats et des munitions. Se voyant oublié, il arrête, après la défaite de Frœschviller, les hommes débandés et isolés, il en réunit environ six cents. Le 7 août on lui envoie le personnel d'une batterie d'artillerie, et huit cents mobiles, qui ne sont ni armés, ni habillés, ni instruits.

Taillant met cent cinquante hommes aux canons dont on leur enseigne la manœuvre. Le 8 août il reçoit des fusils à tabatière et tout son monde est armé. On fait l'exercice sur la place. Les habitants qui ont servi, officiers en retraite et sous-officiers congédiés, se mêlent aux instructeurs. Le commandant Taillant se multiplie, encourageant les uns, calmant les autres, visitant les postes nuit et jour, augmentant les défenses, faisant dépaver les rues, réunissant tous les vivres, s'arrêtant devant les groupes pour exalter le courage par de patriotiques paroles, se donnant à peine le temps du sommeil et d'un repas plus que frugal ; il sait se faire aimer et admirer en même temps, car il est bon, doux et paternel.

Le 10 août, à six heures du soir, la générale bat dans les rues et les remparts se garnissent au pas de course. On aperçoit vers le village des Quatre-Vents les Prussiens dressant leurs batteries. Tout à coup un obus décrit sa courbe et vient éclater dans la ville. Un silence se fait, puis vingt, trente, cinquante pièces font pleuvoir sur Phalsbourg des bombes, des obus et des boulets. Cette pluie de fer tombe sur les maisons en passant au-dessus des remparts. Le commandant ordonne de commencer le feu. Un boulet part, le premier, et tous les regards cherchent à le suivre : il tue un officier allemand, renverse une pièce et fait éclater un caisson. Les défenseurs se regardent et n'osent applaudir ; mais leurs yeux sont brillants et leurs cœurs battent fort. Ce boulet excite la colère des Allemands qui envoient aux Phalsbourgeois une volée d'obus qui cette fois tuent et blessent les hommes placés sur les remparts. Le sergent Gremillet et le jeune Apparut du 63ᵉ tombent près de Taillant. Celui-ci crie : « Ne bougez pas ! » L'ennemi s'avance, il n'est plus qu'à mille mètres et les défenseurs tirent avec leurs fusils. L'artillerie de la place fait un feu continuel, bien nourri et fort habilement dirigé. A neuf heures du soir, l'ennemi cesse ses attaques, car l'obscurité devient complète.

La pluie tombe par torrents ; l'incendie dévore une partie de la ville, les arbres de la promenade déchirés par les flammes font entendre de véritables gémissements, ils se tordent dans une sorte d'agonie, leurs feuilles enflammées voltigent dans l'air, puis les branches s'arrachent une à une. Le commandant est aux remparts et dit : « Il faut craindre une surprise cette nuit ; malgré la pluie, le froid, la faim, restez à vos places. »

La nuit fut longue. Ceux qui ne pouvaient vaincre le sommeil étaient réveillés brusquement par des rondes, des coups de fusil isolés et de fausses alertes. Le jour parut enfin et l'on vit les Allemands battre en retraite du côté de Lutzelbourg.

Le 14 août, à quatre heures du matin, un parlementaire se présente pour demander au commandant Taillant la reddition de la place. Ce parlementaire annonça que 60 pièces d'artillerie étaient prêtes à commencer le bombardement. Taillant refusa de capituler. Un feu terrible s'ouvrit à sept heures et demie et ne se ralentit que vers midi. Le tiers de la ville était en flammes et la toiture de l'église s'effondrait avec fracas vers trois heures.

Pendant ce temps de nombreux tirailleurs se glissaient dans les jardins qui entourent Phalsbourg, et les défenseurs leur envoyaient de la mitraille et des coups de fusil.

Le feu cessa à cinq heures et demie et la ville avait reçu cinq mille obus. A six heures du soir, un parlemen-

taire vint de nouveau proposer de capituler, en offrant
de laisser partir la garnison avec armes et bagages, tam-
bours battant et le droit de se retirer sur tel point du
territoire français que choisirait le commandant Taillant.
Après avoir pris l'avis du conseil de guerre qui fut
unanime pour continuer la lutte, Taillant refusa de se
rendre.

L'ennemi entoura la place, et le commandant, malgré
sa faible garnison, osa faire des sorties.

L'ennemi était surpris de tant d'audace. Dans l'une de
ces sorties, le 24 août, les quatre compagnies du 63ᵉ et
les isolés chassèrent de leurs positions quelques postes
ennemis et ramenèrent du bétail et des prisonniers prussiens. Le lendemain trois pelotons du 63ᵉ surprenaient
l'ennemi dans les Maisons-Rouges, et rentraient dans la
place avec vingt-cinq bœufs ou chevaux.

Dans une autre sortie, le 27 août, un petit nombre de
soldats du 63ᵉ et des isolés poursuivent l'ennemi jusque
dans les bois.

« Nous tenions ainsi l'ennemi en respect », dit le rapport officiel du commandant.

Le 31 août, à dix heures du soir, un nouveau bombardement commença, qui dura peu de temps, à cause
de la nuit.

« Le 14 septembre je résolus de tenter une sortie sur
le village de Buchelberg, dans le but de nous ravitailler.
Je donnai, pour cette circonstance, le commandement des
isolés au capitaine Giraud, du 3ᵉ régiment de tirailleurs
algériens, qui était à peine guéri d'une blessure reçue à
Frœschwiller ; un détachement de quarante gardes
mobiles devait ramener les bestiaux enlevés ; les quatre
compagnies du 63ᵉ et une pièce d'artillerie attelée devait
soutenir cette attaque et protéger la retraite. Surpris à
quatre heures et demie du matin, l'ennemi s'enfuit dans
les bois, d'où il dirigea un feu très vif sur nos troupes.
Deux pelotons placés à droite et à gauche du village
arrêtèrent les Prussiens qui accouraient de Visberg et

des Quatre-Vents. Pendant ce temps le reste des isolés, après avoir enlevé avec vigueur une barricade qui défendait l'entrée du village, se répandaient dans les maisons et ramenaient du bétail et des prisonniers. Cette sortie bien menée et conduite avec entrain et énergie ne nous a coûté que deux tués et quelques blessés. »

Le lendemain, 15 septembre, l'ennemi se vengea en envoyant des obus sur la ville. A dater de ce jour, les Allemands firent retirer des villages tous les troupeaux; ils se retranchèrent eux-mêmes très solidement dans leurs cantonnements.

IV

Les vivres diminuaient, le froid devenait très vif, et les isolés, mal nourris, mal vêtus, manquaient de chaussures et de linge. Les malheureux gardes mobiles ne possédaient que la blouse et le pantalon de toile en fort mauvais état. L'épidémie varioleuse encombrait l'hôpital et le commandant Taillant avait besoin de toute son énergie pour soutenir le moral de sa petite garnison et des habitants de la ville. Le vieux et vaillant soldat se fit administrateur. Il organisa dans les corps des ateliers de tailleurs et de cordonniers, mit en réquisition toutes les ressources de la petite ville et parvint à donner à chaque homme une paire de souliers, des sabots, un pantalon de drap et du linge. Les gardes mobiles eurent, en outre, une casaque en grosse flanelle.

La ration de viande qui était de 250 grammes fut réduite à 125 grammes à partir du 20 octobre, et, pour soutenir les hommes, le commandant fit confectionner des rations de pâtes d'Italie. Le sel et la graisse manquèrent totalement dans les premiers jours d'octobre. Les habitants participèrent bientôt aux distributions faites à la troupe.

Lorsque l'argent manqua pour la solde, les habitants aisés fournirent des fonds qui permirent de distribuer de petites sommes aux soldats. Les officiers n'avaient pas touché de traitement depuis le mois de juillet; ceux d'entre eux qui possédaient quelque argent le versèrent à la caisse commune pour donner des acomptes aux soldats.

Toutes les réquisitions en vivres, étoffes et marchandises diverses furent réglées, ainsi que les prêts en argent, au moyen de bons sur le Trésor émis par la commission des approvisionnements de siège.

Vers la fin de septembre le général prussien de Bismarck-Bohlen fit savoir au commandant qu'il allait attaquer régulièrement Phalsbourg. Taillant avait lui-même provoqué cette mesure, en informant le chef des assiégeants qu'il avait dans la place de nombreux abris voûtés qui protégeaient la garnison, et que le bombardement ne faisait de victimes que parmi les habitants, en tuant femmes et enfants, en incendiant les maisons et les monuments. Le commandant disait : « Nous sommes soldats, nous vous faisons la guerre; tuez-nous, puisque nous vous tuons, mais épargnez les bourgeois qui ne vous font aucun mal. »

Le général de Bismarck-Bohlen ne changea cependant pas de système. Au commencement de novembre, le commandant fit canonner les postes avancés, ce qui valut, le soir même, de onze heures à une heure du matin, un bombardement qui fit plus de bruit que de mal. Le commandant Taillant profita de ce bombardement pour brûler une bonne partie de ses munitions. Il prévoyait que le manque de vivres rendrait bientôt ces munitions inutiles. Il fit donc diriger le tir sur tous les cantonnements ennemis, et donna l'ordre de bombarder Lutzelbourg, quartier-général des troupes de blocus. Les Prussiens reculèrent leurs avant-postes et cessèrent d'inquiéter Phalsbourg, qu'ils résolurent de prendre par la famine. Taillant désirait un assaut, il connaissait le point le plus vulnérable des remparts, et toutes ses dispositions étaient prises pour un terrible combat corps à corps qui aurait appris à l'Europe ce qu'est le soldat français bien commandé.

Les vivres devaient être épuisés le 13 décembre. Le commandant réunit le conseil de défense, et, d'accord avec ses membres, il ordonna de noyer les poudres et munitions confectionnées et de détruire l'artillerie et les fusils. En conséquence, on encloue les canons, on brise les armes, on brûle les effets. Taillant ne veut rien laisser à l'ennemi, pas même un simple drapeau tricolore qui flotte sur les remparts et n'a d'autre caractère que de présenter les couleurs de la France. Il fait déchirer ce drapeau et en partage les lambeaux à ses compagnons. Les armes détruites représentaient une valeur de plus d'un million 500.000 francs.

Enfin, lorsqu'il ne reste ni un pain ni une cartouche, le commandant Taillant adresse cette lettre au major de Giese qui commande les troupes assiégeantes; cette lettre est du 12 décembre 1870.

« Monsieur le Major,

« Le trop grand éloignement de l'armée française et la famine qui torture les habitants, les blessés et les prisonniers de guerre, mais qui ne pourrait nous dompter si nous étions seuls ici, ne nous permettent pas de continuer la lutte, parce qu'il est de notre devoir d'être humains.

« C'est aussi pour obéir aux lois de l'humanité que j'ai dû ne pas céder au vœu de mes compagnons d'armes qui ont demandé de s'ensevelir avec leur chef sous les ruines de la forteresse qu'ils défendaient si bien depuis quatre mois.

« Les portes de Phalsbourg sont ouvertes... vous nous y trouverez désarmés mais non vaincus. »

Aucune capitulation ne fut signée. Le lendemain 13 décembre, dans la matinée, le major de Giese, suivi d'une escorte de cavaliers, entra dans la ville de Phalsbourg. Laissons la parole à un témoin :

« En abordant notre brave commandant, le major prussien est frappé de sa tristesse et de son air abattu. Le spectacle de cet ennemi que ni le feu ni le fer n'ont pu vaincre, et que la faim seule désarme, émeut M. de Giese et fait couler ses larmes. Il s'avance vivement près du commandant et lui serre la main, en proie à une émotion qu'il ne cherche pas à dissimuler. »

Avant de se séparer de Taillant, le major de Giese lui explique qu'à Sedan et à Metz les officiers qui ont voulu s'engager à ne pas servir contre l'Allemagne pendant la durée de la guerre ont été libres de rentrer dans leurs foyers. Indigné d'une telle proposition, Taillant répond : « Ne parlons même pas de ça, nous sommes tous soldats et partageons le sort des soldats. »

Pas un seul officier ne signa le revers. Le 14 décembre toute la garnison sortit par la porte de France, les officiers accompagnant la troupe jusque sur les glacis. On s'arrête, on veut parler, mais les sanglots étouffent les voix. Un sous-officier de la garnison a écrit ceci : « De ma vie, je n'oublierai ce cruel instant, les larmes coulent de tous les yeux ; personne ne peut dire un mot, et c'est à peine si les hommes ont la force de répondre au dernier appel fait en France. Hommes, femmes, enfants, vieillards, se pressent autour de nous ; nous ne formons plus qu'une immense famille, réunie dans une commune douleur. »

Le commandant Taillant est en dehors des glacis. « Il est venu nous faire ses adieux ; lui aussi, il pleure et ne peut pas prononcer une parole ; mais son émotion parle pour lui, et sa vue nous rappelle toutes les grandeurs et toutes les douleurs du siège. Lorsque je passe devant lui, il me donne l'accolade ; les chaudes acclamations qui le saluent lui prouvent une dernière fois l'affection et la confiance de ses soldats. »

Le commandant Taillant sortit de Phalsbourg lorsqu'il n'y eut plus un seul soldat français. Le 15 décembre, au milieu du jour, il fut dirigé sur l'Allemagne et interné à Coblentz ; il ne revint qu'après le traité de Versailles.

Le conseil d'enquête, présidé par le maréchal Baraguay-d'Hilliers, et qui donnait son avis sur les sièges et blocus, accorda les plus grands éloges au commandant Taillant : « Considérant que, dans le commandement de la place qui lui avait été confiée, le commandant Taillant a rempli tous ses devoirs ; que, par sa fermeté, son énergie, il a su maintenir la discipline dans la garnison ; que par une bonne et judicieuse organisation il a suppléé à l'insuffisance du personnel d'artillerie : est d'avis que le commandant Taillant et son conseil de défense méritent des éloges. »

Nommé lieutenant-colonel, puis commandeur de la Légion d'honneur le 5 mai 1872, Pierre Taillant fut honoré par ses concitoyens d'une épée d'honneur aux armes de Phalsbourg.

Il eut d'abord le commandement de la place de Maubeuge et passa en 1877 au commandement de Saint-Denis, où sa retraite lui fut accordée le 10 décembre 1878.

Taillant était un croyant. Lorsque ses concitoyens lui remirent en grande cérémonie, à l'Hôtel-de-Ville du Pont-Saint-Esprit, l'épée d'honneur dont nous avons parlé, le vétéran s'écria d'une voix entrecoupée : « Mon père, ma mère, vous devez vous réjouir à cette heure, dans le ciel, près de Dieu ! »

Le mal dont il souffrait depuis la guerre prit un caractère alarmant, et le colonel ne put sortir. Le curé de la paroisse, le digne et vénérable abbé Igonnet, s'approcha de son lit, en disant : « Colonel, vous avez repoussé les sommations des Prussiens, vous ne rejetterez pas celle que Dieu vous fait aujourd'hui par l'intermédiaire du pasteur. » Taillant s'inclina respectueusement et reçut avec piété les sacrements de l'Eglise.

Le prêtre ne s'était pas encore retiré, lorsque le vaillant soldat rendit à Dieu sa grande âme, le 14 mai 1883.

Nous espérons avoir écrit une biographie complète du lieutenant-colonel Taillant, grâce aux documents précieux qu'un de ses meilleurs amis, M. L. Bruguier-Roure, a bien voulu nous communiquer. Nous sommes heureux de l'en remercier ici, souhaitant que cette notice soit jugée par lui et ses compatriotes digne de la mémoire du noble défenseur de Phalsbourg.

Bar-le-Duc — Typ. L. Philipona et Cᵉ — 941

LIBRAIRIE BLOUD ET BARRAL
4, *rue de Madame, et 59, rue de Rennes, PARIS*

GAULOIS ET GERMAINS

RÉCITS MILITAIRES
Par le Général AMBERT

1re Série : **L'INVASION**, un beau volume in-8, orné de HUIT portraits hors texte.

Prix : **5 fr.**, *franco* : **5 fr. 50**

La première partie du titre donné à son ouvrage par le général Ambert indique suffisamment de quels récits il a voulu nous entretenir.

C'est la lutte entre les Gaulois qui, comme le disait il y a quelques jours, dans la *France Militaire*, un de nos meilleurs écrivains contemporains, M. Grangeneuve, l'auteur d'*Amhra*, ont rendu si glorieux le nom de Français qu'ils l'ont fièrement gardé ; c'est la lutte entre ces fiers Gaulois et les Germains, véritables « aventuriers du moyen âge » qui, après avoir « bombardé nos villes, incendié nos villages, foulé nos moissons aux pieds de leurs chevaux, massacré nos pères, insulté nos mères, nos filles et nos sœurs », nous ont arraché l'Alsace-Lorraine et nous ont séparé « de nos malheureux frères dont les berceaux étaient français et dont les tombes seront prussiennes » ; c'est cette lutte que le vieux soldat a voulu mettre sous les yeux de nos jeunes générations.

Empreint du patriotisme le plus élevé, écrit d'un style large et aisé, intéressant et instructif à toutes les pages, le livre du général Ambert a sa place marquée au foyer domestique comme dans la bibliothèque de l'érudit.

Ces pages émouvantes et énergiquement facturées sont écrites pour les lectures de la veillée ; elles rappelleront aux vieillards les journées sanglantes de l'invasion, elles prépareront les hommes au moment inévitable, elles exciteront la curiosité instinctive de l'enfant et développeront dans son imagination facile et impressionnable l'amour de la France, du métier des armes et du sacrifice.

Quelles viriles et consolantes émotions n'éprouve-t-on point à la lecture de ces pages mâles entre toutes, dans lesquelles l'homme qui a vu, le soldat qui a combattu, le chef qui a commandé vous narre d'une plume franche et loyale ces épopées sanglantes qui s'appellent Frœchswiller et Sedan.

L'Invasion ne forme que le premier volume des récits militaires du général Ambert ; trois autres volumes, contenant les récits de la guerre dans l'Ouest, le Nord, l'Est et enfin le siège de Paris, sont annoncés.

Nous leur prédisons d'avance le succès du premier.

(*France militaire*, 27 Janvier 1884.)

Un des plus importants organes de la presse catholique française, le journal *Le Monde*, du 29 novembre 1882, publie l'article suivant de nature non seulement à intéresser, mais encore à être utile à un grand nombre de nos lecteurs. Nous le reproduisons intégralement :

LA GAZETTE DU DIMANCHE

REVUE HEBDOMADAIRE ILLUSTRÉE

4e ANNÉE

Administration : librairie BLOUD et BARRAL, 4, rue de Madame, Paris

On connaît les efforts prodigieux, vraiment sataniques, des ennemis de l'Église et de la société pour la création et la diffusion des mauvais journaux et des mauvaises lectures. Rien n'est négligé par eux pour inonder littéralement la France des produits d'une presse impie et sans pudeur.

C'est un devoir pour les catholiques de lutter pied à pied contre cette abominable entreprise, et pour les pères de famille de préserver leur foyer de la contagion, en opposant de saines et bonnes lectures au poison corrupteur qui cherche à tout envahir.

Aussi est-ce avec empressement, nous dirons même avec une sincère et cordiale sympathie, que nous recommandons aujourd'hui à nos amis une excellente Revue hebdomadaire — la *Gazette du Dimanche* — remarquable entre toutes les publications destinées à la famille. Elle est rédigée d'après un programme très heureux et elle se distingue par un mérite littéraire peu commun. Fondée, il y a un peu plus d'un an, par MM. Bloud et Barral, qui ont pu utiliser à son profit les relations et les ressources d'une importante librairie, cette Revue compte dans sa rédaction un grand nombre d'écrivains distingués et appréciés du public : le Général Ambert, J. d'Arsac, Dom Piolin, H. d'Ideville, A. Rastoul, Henri Cochin, C. de Meaux, Aimé Giron, Raoul de Navery, Blandy, Mme Bourdon, etc.

Chaque numéro renferme un roman choisi avec soin, une chronique du bien, une revue de la semaine, des variétés, etc. Mais avant tout, et c'est en cela qu'elle constitue à nos yeux une œuvre vraiment originale, la *Gazette du Dimanche* a entrepris de mettre en relief la vie et les actes des personnages illustres qui ont bien mérité de la religion et de la patrie. Elle poursuit vaillamment cette tâche avec un succès qui grandit chaque jour, dépassant même les espérances qu'avait fait naître l'accueil qui lui fut fait dès son apparition. C'est une utile et noble entreprise, en ces temps où l'esprit de foi et de patriotisme tend à s'affaiblir, que celle de raviver dans les âmes, par de vivants exemples, les sentiments qui furent l'honneur et la gloire de nos pères. La *Gazette du Dimanche* s'adresse aux lecteurs de tout âge et de toute condition ; petits et grands y trouveront de quoi s'instruire, s'édifier et se récréer, et son prix modique (10 fr. par an) la met à la portée des bourses les plus modestes. C. D.

Nota — *Des numéros spécimens seront adressés gratuitement aux personnes qui en feront la demande.*

www.ingramcontent.com/pod-product-compliance
Lightning Source LLC
Chambersburg PA
CBHW051435060726
47596CB00006B/2503